Madhyantar

Vishesh abhi SHESH hai...!!

Kumar Ayush

BookLeaf Publishing
India | USA | UK

Made with ❤ on the BookLeaf Publishing Platform
www.bookleafpub.in
www.bookleafpub.com

Dedication

To my mother—
whose blessings are forever with me, watching over me from heaven.
She gave me the strength and patience to face every storm with calm, and gifted me the lesson I live by every day:
"When life is taking your test, just give it your best."
This book is written on that very note.
To the version of me who never imagined these words would one day find their way out...
To the ones who believed in my voice long before I found it myself—
And to every silent heart that feels deeply and discovers its own story hidden between my lines—
this book is for you.
Thank you.

Preface

"Some wounds teach us how to write long before they teach us how to heal."

I began writing at a time when I no longer had the strength—or the voice—to speak my feelings aloud. What started as quiet scribbles in the margins of difficult days soon grew into a refuge, a language that allowed me to express what silence could not hold.

This collection did not emerge from a single moment of inspiration. Instead, it took shape slowly, gathered from scattered fragments of experiences, emotions, and reflections that have accompanied me through different seasons of life. Each poem in these pages carries a small piece of that journey—moments of joy and stillness, love and loss, pain and healing, hope and rediscovery.

Some of the poems are deeply personal, born from memories etched into my own heart. Others arise from watching life unfold around me—from the stories people never speak aloud, the emotions they carry quietly, and the truths that live in the spaces between their words.

If even one poem in this book resonates with your heart—if a single line makes you pause, feel seen, or breathe a little differently—then these words have served their purpose.

I offer this book with sincerity and gratitude to every

reader who chooses to walk through its pages. May you find something here that stays with you, even after the last page is turned.

Acknowledgements

The completion of this collection would not have been possible without the unwavering support and encouragement of some truly special people. Their constant motivation, patience, and belief in my writing became the foundation upon which these pages were built.

A special mention to **Subham Sharma** and **Mridul Gupta** —

thank you for standing by me through every moment of doubt and every step of discovery. Your belief in my voice kept me moving forward when the path felt uncertain.

I also extend my gratitude to life itself—

for its experiences, lessons, and emotions that shaped me and became the very soul of this book. Every joy, every ache, every quiet moment has contributed to these words in ways I could never fully express....

1. Sawera

Tu jo chali gayi hai itna door
Mano zindgi se chala gya ho noor
Teri ye germojudgi karati hai ab ye ehsaas
K tere sath bitaya har ek aam lamha bhi tha kitna khaas
Tere chale jane k baad ho chuka hu mai udaas
Mano jine ki na bachi ho ab koi aas
Is dard k sath bach gayi ye adhuri se pyaas k in nazro ko
hamesha rahegi ab teri talash
Bas ek baar mujhe phir se bula le
Pyaar se mujhe apne sine se lga le
Teri vo muskurahat teri vo hasi mere zehn mai hai basi
Teri yaad mujhe har pal satati hai
teri kami mujhe bheed mai bhi akela kar jati hai
na jane ab kis jaman mai milegi tu mujhe phir se
dua hai dil se k phir se banu tera beta,
phir se banau teri yaado ka dera or teri godi mai ho
mera sawera ...."*miss you Maa*"

~KumarAyush

2. Dosti

Dosti se saccha koi rishta nahi...
Or dost se bada koi farishta nahi...!!
Dua hai meri mile tu kabhi mujhe us tarah
Ek dost milta hai jaise, theek usi tarah...
Na koi sharam na koi parda....
Na koi gila na koi shikwa.....
Na koi unch na koi neech.....
Na koi chota na koi bada ....
Na koi ruthe na koi manaye......
Koi baat agar bigad bhi Jaye, toh khud ba khud nipat jaye...
Dosti ki yahi toh khaas baat hai k is rishte ka ek alag ehsaas hai...
Kaash tu sab bandhan chod kuch or ho jaye....
Kuch na sahi toh kaash tu mera dost ho jaye.
Kyoki dosti se saccha koi rishta nahi or dost se bada koi farishta nahi...!!!

~KumarAyush

3. Dar Lagta Hai

Ek roz kamre Mai band roye the hum, yaad kiye wo pal
jisme tum the sang
Sirf andhera tha, na koi roshni thi na koi rang
Bas ek ummed hi thi jo Kahi Zinda thi, baki toh Ruh bhi
thi is jism se tang
Kehne Ko toh bahut kuch hai...lekin dar lagta hai,,
Is Khamoshi bhare intzaar se ab mujhe dar lagta hai
Raat ki neend, din ka chain sab jaise Kahi kho sa Gaya
hai
sab kuch lage ek adhoora sa sapna, jisme bahut kuch
abhi baki reh Gaya hai
Aankh khulte hi sab jaise gayab ho jate hai...
Jasbaat jo kaid rehte hai andar, juban pe hi atak jate hai
Koshish karta hu kehne ki bahut magar, kambaqt
sirf aankho se hi bayan ho pate hai,
Kehne Ko toh bahut kuch hai...lekin is sabr se ab man
bhar Chuka hai
is Khamoshi bhare intzaar se ab mujhe dar lagta hai

~KumarAyush

4. Badalte Dekh Raha hu

Waqt badalte dekh Raha hu
Rang badalte dekh Raha hu
Zasbaat badalte dekh Raha hu
Vyavhaar badlte dekh Raha hu
Badalti Nigaho se sath nazariya badalte dekh Raha hu
Log badalte dekh Raha hu
Soch badalte dekh Raha hu
Chehre badalte dekh Raha hu
Rishte jo the gehre vo sab badalte dekh Raha hu
Apni chavii badalte dekh Raha hu
Izzat bikharte dekh Raha hu
Peeth piche apni baatein bante bhi dekh raha hu
sabse dooriya bhadte dekh raha hu
Apno hathon, apna sab bikharte dekh raha hu
Dekh raha hu sab, magar mon hu mai khada
Kyonki apne shabdo ki ehmiyat ghat'te dekh raha hu
Ab kya..,
Badalte waqt ke sath ab khud ko badalte dekh raha hu..!!

~KumarAyush

5. Kuch Kho Gaya hai

Kuch toh hai jo kho gaya hai...
ek hisaa mera kahi gum ho gaya hai...

Kuch toh hai joh sab shant lagne laga hai..
Mano mere andar ka shor ab sunn ho gaya hai...

Yuhi nahi badla badla lag raha hu mai khud ko
Mera mujhme hi kuch kahi door ho gaya hai

Kuch toh hai jo kho gaya hai...

Ye hawaien mujhe ab thandi nahi lagti
Ye barsat mujhe ab sheetal nahi karti
Ek bechaini si liye firta hu sine me...
Ye duniya mujhe ab rehne layak nahi lagti....

Kuch toh hai jo kho gaya hai....

Mera man mujhe ab shant nahi lagta
Udasi bhare is dil se ab ye chehra nahi khilta

Bahut samay ho gaya ab khud se nazare milaye....
Ab toh mai khud ko bhi mere jaisa nahi dikhta

Kuch toh hai jo kho gaya hai....
Mujhe kuch ajeeb sa ho gaya hai.....

Na koi ummed dikhti hai na koi sahara
Mar rahe hai har roj khud ke khayalo se...
Koi bachane nahi aa raha hume humara....

Kya yahi sab hai jo maine kho diya hai...??
Ya ye bhi bas mere khayalo ka hai tana bana....
Agar mil jaye tumhe koi jawab ....to mujhe jarur batana....

Kyoki kuch toh hai jo kho gaya hai....
ek hissa mera kahi gum ho gaya hai...
~KumarAyush

6. Khwaish

Ek khwaish hai Jo shayad Dil me dabi reh jayegi....
Tutke bikhar Raha hu mai...magar tu shayad samajh na payegi....

Ummed hai ke shayad khulengi Teri aankhe...ek din....
Par shayad tab meri aankhe hamesha ke liye band ho jayengi....

~KumarAyush

7. Yaadein

Safar jo hai yaado ka dheere dheere hai kat raha
Jivan ka har lamha bhi usi ke sath hai ghat raha
Yaadon ki yaad me ek baat batani hai
K har yaad ki ek apni kahani hai
Kasahmaskh me hu
Kya yaadon ke sath nikaal du aage ka jivan?
Ya sunu man ki jo kehta hai k abhi toh or bhi yaadein banani hai
In Yaadon ki khasiyat bhi kuch khaas hai
Har yaad ka apna ek ehsaas hai
Kabhi khushiyo ki leher leke aati hai toh kabhi gamo se darati hai
Kabhi fursat se sochne baitho toh ehsaas hota hai
K buri yaadein toh khud ba khud yaad aa jati hai
Magar acchi yaadein kambhaqt bahut intezaar karati hai...

~KumarAyush

8. Uljhan ka HAL

Kis raah hu mai chal raha
Kya sahi kya galat kuch nahi hai dikh raha
Ek ajeeb se bechaini hai is dil mai
Koi bata do is uljhan ka hal kaha hai bik raha
Ye kaisa dukh ghar kar k baita hai
Shor si zindgi me q ab mon hai ho gai
Rone ki wajh hai kayi
Par hasne ka Karan nahi hai mil raha
Koi bata do is uljhan ka hal kaha hai bik raha
Ek Bekhayali si chayi hai
Mano sab kuch choot hai raha
Is andhere k bhadte saye mai
Roshni ka diya dheere- dheere hai bujh raha
Koi bata do is uljhan ka hal kaha hai bik raha
Sapno k mehel toot hai chuke
Ab aane wala har lamha bewaqt sa hai lag raha
Akele ho gaye hai is kadar
Ab aage kya karna hai kuch nahi hai dikh raha
Koi bata do is uljhan ka hal kaha hai bik raha...!!

~KumarAyush

9. Kuch Khayal

Kuch khayal hai jo ab sone nahi dete ×2
Kuch gam aise hai jo rone nahi dete....
Kuch raaton ki neend bhare pal aisi hai jo ab khwaab nahi dete
Kuch yaadon ke aisi hai kisse jo ghav bharne nahi dete...
Kuch....

Kush toh ho sakte hai magar, kuch gam aise hai jo ab hasne nahi dete
Kuch bhavnayon ki kashmaksh ke tufaan hai jo ab ichhayein panapne nahi dete
Kuch paheliyon se bhare halat hai jo mujhe sulajhne nahi dete

Darasal ab aalam yun hai k..
Kuch log hai jo marne nahi dete....
Or kuch log hi hai jo jeene nahi dete....

Kuch...
~KumarAyush

10. Teekha MOD

Zindgi ki raah ne ek teekha sa mod liya..
kinara dikha ke door se majdhaar me hi chod diya
Abhi bas dil lag hi raha tha ke, is kadar usne tod diya...
or kya batau uska hasi sitam....
Apni aadat laga ke ab tanha sa mujhe chod diya
~KumarAyush

11. Chai

Aaj chai banate Hue Ek Kissa Yad Aaya
Kisse se Juda khud ka hissa Yad Aaya

Vo hissa Jo sabse bant gaya tha
Vo hissa Jo Khud Se cut gaya tha
Vo hisSa Jo Chhod Sabko pare, Tujhse lipat gaya tha

Vo hissa jo sabse door ho gaya tha
Vo hisaa jo khud ko bhi chod tujhme hi kho gaya tha

Vo hisaa jo banake tujhe khuda
Vo hissa jo khud se hi ho chal tha juda

Vo hissa jo tere har hisse me shalmil raha
Vo hissa ab q nahi hai mujhe mil raha

Darasal.....

Vo hissa jo khud se hi door tha
Vo hissa jo na itna bhi majboor tha

Us hisse ko tune tha u khilaya
Pehle paas bulya, seene se lagaya
Or jab mila tujhe moka
Har hisse ko jalaya

Vo hissa jo tujhse door na rehta tha
Vo hissa jo tere har jakhm ko sehta tha
Vo hisaa jo sunke sab teri khud kuch na kehta tha

Vo hissa jo dar gaya phir mar gaya
X2
Ab jo bacha hai vo nikhar gaya

Ab is hisse ke hisse ko bhi na chaiye tera hissa
or na usse juda koi kissa
~KumarAyush

12. Zindgi

Jis hisaab se sab kuch hai bikhar raha,
ab kuchh bhi mujhe accha nahi lag raha

Zindgi guzar toh rahi hai waqt ke sath,
Magar ab jeena mujhe accha nahi lag raha... !!
~KumarAyush

13. Chand

Ishq ke bazaar me hum bhi kabhi abaad the... X2
Ye toh raat humari dhal gayi,
warna hum bhi kisi ke chand the...!!
~KumarAyush

14. Sharab

Kuchh is tarah vo Kar Gai mujhe kharab
Ke har Dard ki dava lagti Hai mujhe sharab

Ab har chot per talab uthati hai mujhe jaam ki
Bechain Ho uthata Hai Dil jab kanon mein awaaz sunai deti Hai uske Naam ki

Sochta Hun ki Nashe mein Chur, jaunga in gamon ko bhul
Magar sharab ne bhi kuchh uski tarah hi ki bewafai
Use jitna bhulna chaha vo nashe me utnhi hi yaad aayi...!!

~KumarAyush

15. Nigahein

Tu maan ya na maan
ye nigahe aaj bhi tujhe dhundhti hai..
Mana ki teri dil tod adao se ye kabhi kabbi ruthti hai
Par ye nigahe aaj bhi tujhe hi dhundhti hai....

Tere sath dekhe har lamho ki jhalak in aanko k samne ghoomti hai....
Ye is bheed mai bhi aksar tujhe hi dhundhti hai....

Aaj q nahi hai tu sath, aksar dil me ye sawal umadta hai...
mehsoos hoti hai teri kami, to ye aksar nam hoti hai...
phir yaado me hi sahi, ye nigahe tujhe hi dhundhti hai....

Shayd ab tu khwabo me hi hogi sath mere...X2
ab in aankho ko usi neend ki talash rehti hai....
kyoki ye nigahein tujhe hi dhundhti hai...ye nigahein tujhe hi dhundhi hai...

~KumarAyush

16. Satya

कभी-कभी Jo Yun Hi Kalam chal Jaati Hai
Khud B Khud Kai baten Ban Jaati Hain
Ye Jo Dil Mein bhara rahata hai vah sab ye Kalam panne
se lafz ba lafz keh Jaati Hai

Kuchh acchi - Kuchh Buri,
Kuchh Sach - Kuchh Jhooth, sabse pare bus Mere jajbat
kehati Hai
Ant mein kagaj ko dekh mera dil khud se kehta hai Ki
Itna Sab Kuchh Is Dil mein kaise rehta hai

Kya hai batana or kya hi hai chupana,
Achcha reh kar Kuchh Achcha Nahin Hota bus yahi hai
Jana

Ab band kar Khud Ko tu Satana ..,
bahut Rishte Tut gaye bahut se log chhut Gaye
ab Tham Ke khud ka hath Khud Se Rishta hai nibhaanaa
Ab Jo Milega Khud Ko to Chhod Kabhi, Khud Se Dur Na
Jana

Khud Se kiye the jo waade, sab ab tu nibhaanaa
Ab sirf Khud Ko deni hai Khushi bas is baat ko hai thana

Ab yahi hai Satya, yahi hai Jivan bus yahi hai Jana, bus
yahi hai Jana

~KumarAyush

17. Aaina

Aaiyen ke samne aaj khud ka didar hua...
Pehchaan nahi paya samne khade skahs ko...magar laga kuch jana pehchana hua ..

Jab nazre milayi usse toh yaad aaya...
K ye toh insaan hai waqt ka sataya...

Or phir kya hua ..dikhe uske aankh me aansu
Chehre pe pareshani or mathe pe shikand....
Bechain sa vo lag raha tha, koi nahi tha us akele ke sangh...

Koshish ki k aanshu uske poch du..
Mumkin ho toh gale laga ke bol du...
K tujhe rakhna khud pe vishwaas hai...
Ye aaine ke bahr khada banda hamesha tere sath hai...
~KumarAyush

18. Sula de

Aaye khuda kab tak Karu intezaar ye bata de mujhe....
nahi ho raha hai sabr ye jata de use...

kaise Karu is dil ki baatein bayan...
ab ya toh jaga de use ya phir sula de mujhe...!!
~KumarAyush

19. Khud ki Talaash

Nikal pada hu aaj, mai khud ki talaash me
Tang liya hai bag, pareshaniyo ka sath me....
Na koi manzil hai, na koi thikana hai.......
Bas ek aas hai dil me, ke ant me khud ko pana hai....
Kaise honge raste, kaise honge mod...
Bas kisi anjan jagh pe, apne bojh ko dena hai chod....
Kathin hoga ye safar, khud hi chah ka...
Kabhi Ladkhadayenge ye kadam, kabhi bhatkega man
or kabhi dikhega nahi raasta aage mukaam ka..
Khud ko pane ki ye jo aas hai, bahut hi khas hai....
harnunga nahi, milke rahunga khud se ab, ye atoot vishwaas hai
or jab milunga is baaar toh kuch alag hi hona hai..
kudh se wada karna hai ke ab paake khud ko phir na khona hai...
ab khud ko phir na khona hai, ab khud ko phir na khona hai

~KumarAyush

20. Madyantar

Toot ke bikhre the is kadar
Bikar ke nikhre hai is kadar
Dubane wale the kayi hume...
Magar hum taiir ke nikle hai is kadar
Khud se lad ke paya hai khud ko, or mita diye hai sare antar...
Unhe laga tha ke kahani meri khatam ho jayegi....par ye ant nahi, ye hai mera **"Madhyantar"**

~KumarAyush

"Vishesh abhi Shesh hai"

www.ingramcontent.com/pod-product-compliance
Lightning Source LLC
Chambersburg PA
CBHW070654240926
51846CB00003BA/907
* 9 7 8 9 3 7 5 2 7 5 2 2 0 *